les
enfants
du monde

Conception et rédaction :
Delphine Badreddine

Illustrations :
Marion Cocklico
Séverine Cordier
Charlotte Roederer
Mélanie Roubineau

mes premières DÉCOUVERTES

GALLIMARD JEUNESSE

les enfants du monde

sommaire

autour du monde, 6
bonjour!, 8

le cadre de vie, 10
les maisons, 12
dormir, 14
se déplacer, 16
manger, 18
«sur le pouce», 20
délices du monde, 22
faire sa toilette, 24
vêtements du monde, 26

les occupations des enfants, 28

aller à l'école, 30

apprendre, 32

les autres activités, 34

le travail des enfants, 36

les loisirs, 38

les sports, 40

nos amis les animaux, 42

c'est la fête !, 44

les carnavals, 46

les fêtes de Noël, 48

Hanoukka, 50

Ramadan, 51

Wesak, 52

Diwali, 53

d'autres fêtes…, 54

bon anniversaire !, 56

les droits de l'enfant, 58

le droit d'avoir une famille, 60

le droit d'être bien soigné, 62

le droit à l'éducation, 64

le droit de vivre en paix, 66

autour du monde

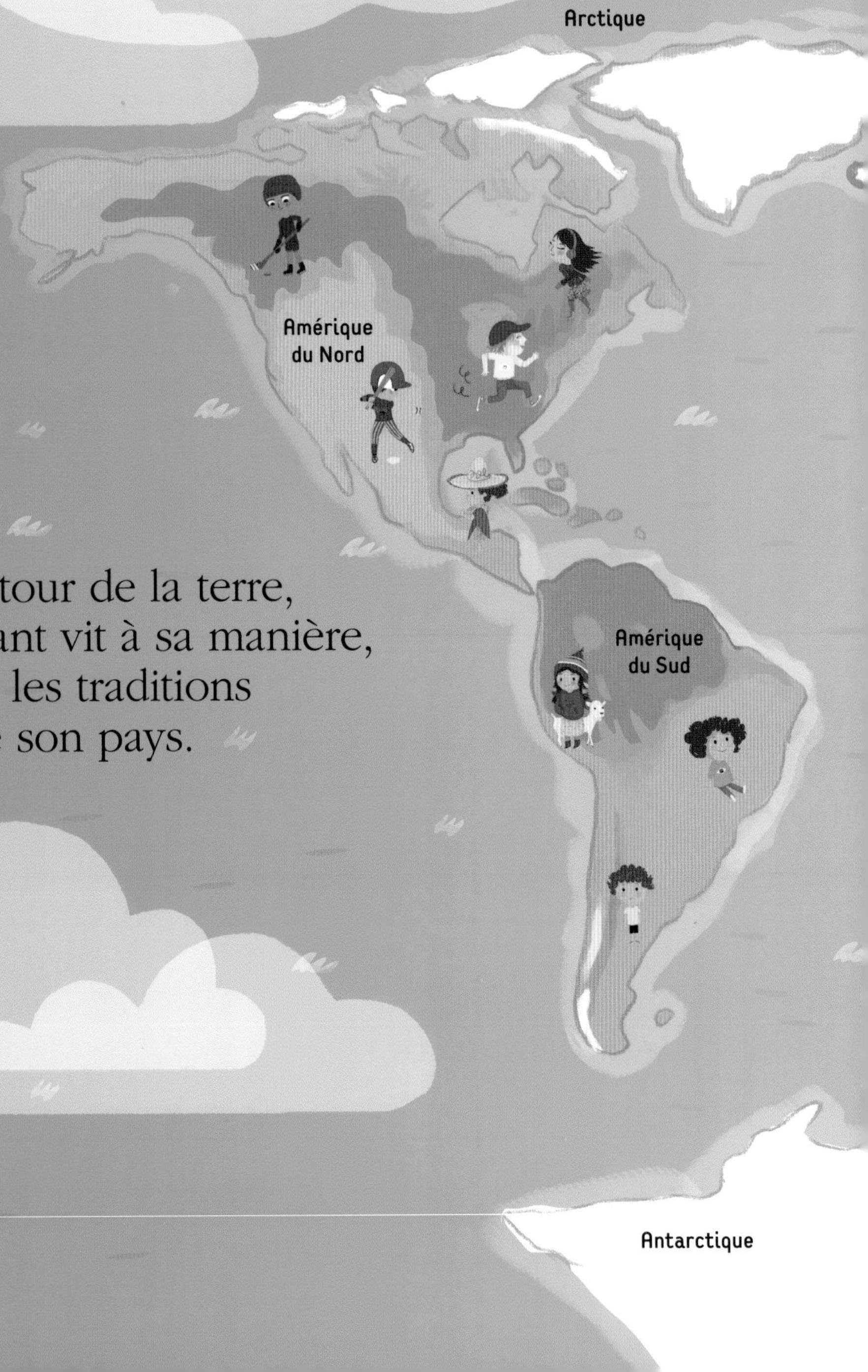

Arctique

Amérique
du Nord

Tout autour de la terre,
chaque enfant vit à sa manière,
selon les traditions
de son pays.

Amérique
du Sud

Antarctique

6

Au fil de ce livre, tu verras qu'il y a mille
et une façons d'être un enfant.

Au Japon,
on incline la tête et le buste.
Ce geste s'appelle l'*ojigi*.

Chez les Maoris, en Nouvelle-Zélande
on applique son nez et son front
sur ceux de son ami.

bonjour !

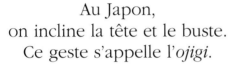

En Inde et au Népal,
on joint les mains près du cœur,
on incline la tête et on ferme les yeux.

En France, on se fait la bise.
Selon les régions, on peut faire
2, 3 ou même 4 bises à la suite !

Dans les pays arabes,
on dit «*salam aleikoum*»,
ce qui signifie «la paix sur toi».

Autrefois, les Inuits
se touchaient le nez ou la joue
pour se dire bonjour.

Partout dans le monde, les enfants apprennent
les gestes et les mots pour saluer ceux qu'ils rencontrent.

Il y a longtemps, au Tibet,
on tirait la langue pour se saluer!

Les Américains se donnent
l'accolade et disent «*hello!*»

le cadre de vie

Même si nous avons tous besoin de manger,
de nous laver et de nous reposer à l'abri...

Voici une yourte,
la maison traditionnelle
de Mongolie.

... les habitudes quotidiennes sont bien différentes
selon le pays et le climat.

À l'intérieur,
il n'y a qu'une seule
grande pièce.

On y trouve
le nécessaire
pour vivre
confortablement.

les maisons

Les maisons sont adaptées au mode de vie
des habitants et aux matériaux de construction disponibles.

Au Chili, l'île de Chiloé
est célèbre pour ses maisons
multicolores sur pilotis.

Ce camion transporte
une maison mobile,
aux États-Unis.

La hutte massaï, en Tanzanie,
est construite en bois, puis recouverte
de bouse de vache et de boue.

Aux Pays-Bas,
on peut habiter une péniche
sur l'un des nombreux canaux.

En Belgique, dans
une maison bruxelloise typique,
la famille vit sur trois étages.

Un immeuble moderne est composé
de plusieurs appartements
à chaque étage.

13

dormir

Lit, hamac ou futon : pour bien se reposer
chacun aime retrouver son coin douillet.

Souvent, les enfants ont
leur propre lit, et même parfois
leur chambre !

Dans certaines campagnes
chinoises, on dort dans
un grand lit chauffant.

S'il y a beaucoup d'insectes,
le lit est protégé par
une moustiquaire.

Le futon japonais
est posé sur un matelas
de paille tressée appelé tatami.

Dans la forêt amazonienne,
la tribu vit dans une immense maison
de bois et de feuilles.

Les bébés n'ont pas de berceau,
ils dorment avec leur maman,
dans un hamac.

se déplacer

Pour aller à l'école, faire les courses ou voyager,
ce ne sont pas les moyens de transport qui manquent.

Au Portugal, le funiculaire
grimpe sur les collines
de Lisbonne.

En France, le TGV
est l'un des trains
les plus rapides du monde.

À Madagascar,
on peut voyager dans une charrette
tirée par des zébus.

Au Sénégal, le taxi-brousse
transporte beaucoup de passagers
et des marchandises.

En Italie, les petits Vénitiens
empruntent les *vaporetti* pour
se déplacer sur les canaux.

Autrefois, les jeunes Polynésiens
apprenaient à manœuvrer
la pirogue à balancier.

En Inde, on se serre à plusieurs
dans l'*autorickshaw* pour
se rendre à l'école.

Il existe de nombreuses
solutions pour transporter
les enfants à vélo.

Au Maroc, toute la famille
prend place sur la Mobylette.

Le *tuk-tuk* thaïlandais,
est un tricycle motorisé.

manger

Les enfants apprennent dès le plus jeune âge
à prendre leurs repas selon les coutumes du pays.

Dans de nombreux pays d'Asie,
ils mangent avec des baguettes.

En Chine,
il n'est pas impoli d'aspirer
les nouilles bruyamment.

Au Maroc,
on se sert avec les doigts,
toujours de la main droite.

Les enfants japonais
transportent leur repas
dans une boîte, le bento.

Dans de nombreux pays,
toute la famille se retrouve
autour d'un plat unique.

Les Touaregs du Sahara
trempent leur pain dans la *chorba*,
une soupe épaisse.

« sur le pouce »

Tous les enfants aiment acheter dehors des aliments
ou des friandises à déguster en se promenant.

Un cornet de *fish and chips* anglais
contient du poisson pané
et des frites.

Sur les plages, on trouve
en été des marchands
de glace ambulants.

Au marché de Pékin,
on peut déguster des brochettes
d'insectes cuits.

Le *döner kebab*
est un sandwich inspiré
de la cuisine turque.

Hot-dog   Bagel   Cupcakes   Glaces

Aux États-Unis, les *food trucks* sont des camions-restaurants, qui proposent des plats à emporter.

délices du monde

Chaque pays a ses spécialités culinaires.

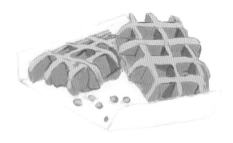

Les gaufres de Belgique

Le couscous du Maroc

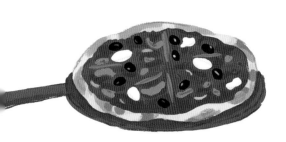

La pizza italienne

Le hamburger américain

La choucroute allemande

Les fromages français

La raclette suisse

La paëlla espagnole

Le pain *naan* indien

Le *pad thaï* thaïlandais

Les sushis japonais

Les tacos mexicains

faire sa toilette

Se laver est indispensable à la santé
et il y a bien des façons de prendre un bain ou une douche.

Au Bénin, les mamans protègent
leurs enfants des maladies
en les frottant avec des plantes.

En Russie, les enfants
s'arrosent d'eau glacée
pour se fortifier.

Un bâtonnet
de bois d'arak
peut devenir
une brosse à dents
très efficace.

Quand l'eau est rare et
précieuse, on se savonne puis
on se rince rapidement.

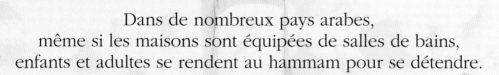

Dans de nombreux pays arabes,
même si les maisons sont équipées de salles de bains,
enfants et adultes se rendent au hammam pour se détendre.

On se frotte
avec du savon noir,
une pâte brune qui adoucit
la peau et sert aussi pour
se laver les cheveux.

vêtements du monde

Certains vêtements traditionnels sont toujours utilisés.

En Russie, la chapka protège la tête et les oreilles du froid.

Les enfants de Mongolie portent le *deel* au quotidien.

La *qipao* chinoise est une robe en soie très colorée.

En Inde, les filles revêtent parfois le sari et les garçons, la *kurta*.

Au Japon, le vêtement typique est le kimono.

Dans les maisons marocaines, on enfile des babouches.

C'est aux États-Unis
qu'a été inventé le jeans.

Au Vietnam, le chapeau
en paille de riz est très populaire.

En Namibie, les Himbas
vivent presque nus.

Dans les Andes, les enfants sont coiffés
d'un bonnet coloré, le *chullo*.

À Tahiti,
toute la famille
est en paréo.

les occupations

Entre les jeux et les différents apprentissages,
les journées sont bien remplies!

Aux États-Unis,
un bus spécial,
tout jaune, assure
le ramassage scolaire.

des enfants

Voici l'école,
tout le monde descend!

aller à l'école

Chaque matin, les enfants se préparent
et partent pour l'école.

Certains font un long trajet
à pied avant d'arriver.

Aux Pays-Bas,
c'est la maîtresse qui conduit
ce tout nouveau bus cycliste.

Un adulte aide les plus jeunes
à traverser la rue en sécurité.

Pour les élèves du cirque,
une caravane sert de salle de classe

Dans de nombreux pays,
les écoliers portent un uniforme.

apprendre

À l'école, tout le monde découvre
la lecture, l'écriture et les nombres.

Dans le désert,
on peut écrire en traçant
sur le sable avec son doigt.

Les Chinois enseignent parfois
le calcul avec un boulier.

Ces jeunes Africains
n'ont pas de cahiers :
ils utilisent des ardoises.

Dans les écoles modernes,
il existe des tableaux interactifs
reliés à des ordinateurs.

馬看魚鳥飛目米看 弓愛目 飛目米看 馬看魚鳥 弓愛目 鱻山看

En Chine, les signes d'écriture sont des idéogrammes. Dès 3 ans, les enfants s'entraînent à manier de gros pinceaux.

天

Il faut plusieurs années avant de calligraphier de très beaux idéogrammes.

les autres activités

Selon les pays et les écoles,
les élèves participent à des activités variées.

En Chine, la discipline
est importante, même pendant
les leçons de gymnastique.

En Russie,
beaucoup d'écoliers jouent
aux échecs très jeunes.

Ces enfants apprennent à cultiver
ce qu'ils vont manger.

Presque partout dans le monde,
des écoles dispensent
un enseignement religieux.

En France, vers midi, de nombreux enfants déjeunent à la cantine.

Ils ne doivent pas manger avec les doigts mais utiliser une fourchette et une cuiller.

Une employée de cantine passe d'une table à l'autre pour servir les assiettes.

le travail des enfants

Dans les régions très pauvres, les enfants ne peuvent pas se rendre à l'école car ils doivent aider leurs parents.

Certains travaillent dans des usines ou sur des chantiers.

À la campagne, ils s'occupent des champs.

Ce garçon chasse pour nourrir la famille.

Les filles participent aux tâches domestiques, comme laver le linge.

Ces jeunes Sénégalaises
pilent le mil. C'est un travail
long et fatigant, indispensable
pour préparer le repas.

le pilon

le mortier

les loisirs

Tous les enfants ont besoin de jouer et de se détendre.

Dans les pays
où il y a peu
de livres,
ils écoutent
les histoires
d'un conteur.

Au cinéma, les spectateurs
se passionnent pour
le film ou le dessin animé
qui passe sur un grand écran.

Quel bonheur de diriger un cerf-volant!
En Afghanistan, de grands tournois sont organisés le vendredi.

En France,
les spectacles
de marionnettes
sont très appréciés.

39

les sports

Bon nombre de sports traditionnels
sont désormais pratiqués dans le monde entier.

Dans les pays montagneux
comme la Suisse, l'Autriche
ou la Suède, les enfants font du ski.

Les Canadiens
aiment les sports sur glace :
hockey, patinage…

La course à pied
a des amateurs
dans tous les pays.

Le base-ball, originaire des États-Unis
a popularisé la casquette
dans le monde entier.

Tous les joueurs de football
aiment porter le maillot
de leur équipe nationale.

Le basket-ball
est très populaire
en Amérique.

Le rugby
est originaire
du Royaume-Uni.

En Inde, il faut avoir 8 ans
pour s'initier au yoga.

Le judo est un art martial
né au Japon.

Cette petite Anglaise monte à cheval
dans un centre équestre.

Les enfants peuvent apprendre
la danse dès l'âge de 4 ou 5 ans.

nos amis les animaux

Avoir un fidèle compagnon, c'est le rêve de bien des enfants!

Souvent, ils câlinent
de petits animaux comme les lapins,
les cochons d'Inde, les hamsters…

En Amérique du Sud, le lama fait
partie des animaux domestiques.

Au Sahara, le dromadaire familier
rend de multiples services.

Au Ghana, dans le village de Paga,
les hommes et les crocodiles
vivent en harmonie.

Au Kazakhstan,
l'aigle royal est apprivoisé.

En Thaïlande,
on peut monter
à dos d'éléphant.

c'est la fête!

Les fêtes traditionnelles ou familiales sont
des moments privilégiés appréciés de tous les enfants!

Lors du nouvel an chinois,
le grand défilé met en scène un dragon de papier géant.

les carnavals

Ils sont très populaires dans les pays
de tradition chrétienne, en Europe et en Amérique.

Le carnaval de Venise, en Italie,
est célèbre pour ses costumes
et ses masques fabuleux.

Les Gilles de Binche,
en Belgique, paradent sous
leur extraordinaire coiffe blanche.

À Rio de Janeiro, au Brésil,
un immense défilé est animé
par les danseurs de samba.

Le jour du mardi gras, à Londres,
a lieu la course aux pancakes : il faut
courir en faisant sauter une crêpe.

À Aalborg, au Danemark, un carnaval est réservé aux enfants.
Plus de 5 000 d'entre eux défilent costumés dans les rues.

les fêtes de Noël

Chez les chrétiens, la naissance de Jésus
est commémorée le 25 décembre.

Le 6 décembre,
jour de la Saint-Nicolas,
on mange des friandises.

Le 13 décembre, en Suède,
les filles s'habillent en blanc
pour la Sainte-Lucie.

Le 6 janvier, jour de l'Épiphanie,
on partage la galette : qui
trouve la fève est roi ou reine.

En Espagne et au Portugal,
les enfants reçoivent leurs cadeaux
de Noël le jour de l'Épiphanie.

À Noël, un grand sapin couvert
de guirlandes et de lumières
décore la maison.

La crèche
est une représentation
de la naissance
de Jésus.

Les cadeaux sont déposés au pied du sapin.

Hanoukka

Chaque année, les familles juives célèbrent Hanoukka,
la fête des Lumières, qui dure huit jours.

Chaque soir, on allume
une bougie sur le chandelier
à neuf branches, la *hanoukkia*.

Le huitième jour, on prépare
des *latkes*, petites galettes
de pomme de terre, accompagnées
de compote et de crème.

Les enfants reçoivent
des cadeaux…

… et la famille se réunit
autour d'un grand repas.

Ramadan

Pendant le mois de Ramadan,
les musulmans vivent au rythme des prières et du jeûne.

En Égypte, on accroche à sa porte
une lanterne qui reste allumée,
une *fawani*.

Chaque soir, les familles dînent
puis sortent se promener
et faire leurs courses.

À la fin du Ramadan,
tous se retrouvent
pour la fête
de l'Aïd.

Pendant le Ramadan,
les enfants collectent argent,
vêtements ou nourriture
pour les orphelinats.

Wesak

Une cérémonie rappelle
la naissance de Bouddha,
le fondateur du bouddhisme.

Au temple, on nettoie
les statuettes représentant
Bouddha enfant.

En Corée, les temples
offrent aux visiteurs du thé
et un petit déjeuner.

À la nuit tombée, les familles défilent dans les rues
avec des lampions allumés.

Diwali

Cette fête des Lumières
est célébrée en Inde, au Népal,
et dans tous les pays où vivent
des familles d'origine indienne.

Feux d'artifice
et pétards font un bruit
assourdissant.

À l'île Maurice, de petites lampes à huile
sont déposées à l'entrée des maisons.

Les vaches, animaux sacrés en Inde,
sont peintes pour l'occasion !

Pendant la fête, on offre
des friandises et des cadeaux.

d'autres fêtes...

Bien d'autres fêtes, non religieuses,
rythment la vie des enfants à travers le monde.

En Irlande,
le 31 octobre,
les enfants fêtent
Halloween.
Ils vont demander
des bonbons
aux voisins, avec
leurs déguisements
qui font peur!

En Turquie, le 23 avril, c'est la fête des enfants.
Dans la capitale, Ankara, ils défilent tous en costumes traditionnels.

Thanksgiving a lieu le dernier jeudi du mois de novembre, aux États-Unis. La fête rappelle l'histoire de ce pays.

Toute la famille se réunit autour d'un repas spécial : dinde farcie, purée de patates douces et petits pains au maïs.

Avant de manger, enfants et adultes prononcent parfois les *thankful*, des remerciements pour tous ceux qui leur sont chers.

bon anniversaire !

Chaque année, les enfants fêtent
le jour de leur naissance,
entourés de leur famille
et de leurs amis.

En Amérique du Sud,
il faut briser une *piñata* à l'aide
d'un bâton. Elle est remplie
de bonbons et de cadeaux.

Le jour de son anniversaire,
on reçoit souvent des cartes,
des cadeaux… et des appels
téléphoniques !

Au Québec, lors des goûters d'enfants, on joue à la queue de l'âne.
Il faut essayer de la placer au bon endroit, les yeux bandés.

Lorsque les lumières s'éteignent,
c'est le moment de chanter en chœur
«Joyeux anniversaire!»

Un an de plus!
On peut connaître l'âge
en comptant les bougies
sur le gâteau.

les droits de l'enfant

Quels que soient leur pays, leurs origines,
leur religion ou leur culture,
tous les enfants
du monde…

… ont le dro
de s'amuser,
de rire
et de grandi
en paix.

Les droits des enfants sont écrits dans
la Convention internationale des droits de l'enfant.

Les adultes
doivent veiller
à les faire
respecter.

le droit

Pour bien grandir, les enfants
doivent vivre aimés et entourés.

À la naissance,
chaque bébé reçoit un prénom
et un nom de famille.

Il a aussi une nationalité.

Tout enfant
a le droit d'être élevé
par ses parents,
dans la mesure
du possible.

d'avoir une famille

Si un enfant n'a plus de famille ou s'il ne peut pas rester dans la sienne, l'État doit le protéger et l'aider.

Pour tout changement important dans sa vie, les adultes doivent tenir compte de son passé et de sa culture.

le droit

Les adultes doivent prendre soin des enfants
et veiller aux conditions de leur bien-être.

Leur permettre l'accès
aux soins médicaux,
aux médicaments.

Les protéger contre les maladies
grâce aux vaccins.

Leur assurer une bonne hygiène,
pour qu'ils grandissent en bonne santé.

d'être bien soigné

Les enfants doivent recevoir une alimentation suffisante
pour leur assurer une croissance régulière.

L'eau potable est précieuse et indispensable
à la vie de tous sur la terre.

le droit à l'éducation

Tous les enfants ont le droit d'aller à l'école.
L'instruction doit être gratuite et obligatoire.

Savoir lire, écrire et compter
permet de comprendre le monde.

Les enfants ont le droit d'apprendre,
pour espérer avoir plus tard un métier intéressant.

Les enfants ont le droit
de connaître leur culture d'origine
et la culture du pays où ils vivent.

Ils doivent tous avoir les mêmes chances de réussite,
grâce à l'école notamment.

le droit

Les adultes doivent toujours protéger les enfants
et leur permettre d'être heureux.

En cas de guerre ou de catastrophe,
les enfants doivent être secourus
les premiers.

de vivre en paix

Les enfants ont le droit d'être informés
et de s'exprimer librement sur ce qui les concerne.

Ils ont le droit de jouer, de rêver, de rire, de chanter…
et de prendre leur temps pour devenir des adultes.

Responsable éditorial
Thomas Dartige

Édition
Nathalie Corradini

Graphisme
Concé Forgia

ISBN : 978-2-07-066082-7
© Gallimard Jeunesse 2014
Numéro d'édition : 266756
Loi n° 49-956 du 16 juillet 1949
sur les publications destinées à la jeunesse
Dépôt légal : septembre 2014
Imprimé en Chine